Elke Hartebrodt-Schwier

Jesus spielerisch entdecken

34 Impulse für die Gruppenarbeit

BREMISCHE EVANGELISCHE KIRCHE
Arbeit mit Kindern

D1698443

aussaat

© 2007 Aussaat Verlag
Verlagsgesellschaft des Erziehungsvereins mbH,
Neukirchen-Vluyn
www.nvg-medien.de
Covergestaltung: Hartmut Namislow unter Verwendung eines
Fotos von © iStockfoto
Satz: Bittner Dokumedia, Wöllstadt
Gesamtherstellung: GRAFO Industrias Gráficas, Basauri
Printed in Spain
ISBN 978-3-7615-5595-8
Bestell-Nr. 155 595

Inhaltsverzeichnis

Jesus heilt

Jesus erzählt Gleichnisse

Einleitung

Im Neuen Testament werden viele Geschichten von und über Jesus erzählt. Die in diesem Spielebuch aufgenommenen Bibeltextstellen dienen als Beispiel und „durchspielen" eine Begegnung oder Konfrontation mit dem Leben Jesu. Die sieben Überschriften im Inhaltsverzeichnis orientieren sich an seinem Lebenslauf.

Jesu Kindheit

Die ersten drei Spiele nehmen exemplarisch Jesu Herkunft und Kindheit auf. Nach biblischer Weissagung soll er in Bethlehem als Retter geboren werden. Schon als Junge geht er zu seiner Familie auf Distanz, um im Jerusalemer Tempel mit Schriftgelehrten zu diskutieren.

Jesus beginnt seinen Weg

Nach Aussage aller Evangelien beginnt Jesus nach seiner Begegnung mit dem Täufer Johannes, öffentlich an vielen Orten aufzutreten. Er sammelt Jünger um sich, die ihm helfen, anderen von Gott zu erzählen.

Jesus zeigt: Gott will gelingendes, erfülltes Leben / Jesus heilt

Viele verschiedene Wundertaten Jesu sind in den Evangelien

überliefert: Es sind Heil-, Geschenk-, Rettungs- und Normen-wunder sowie Totenerweckungen. Das Neue Testament berichtet auch häufig über Jesu Zuwendung zu Ausgegrenzten und sein Heilwirken, das die Ursache der Ausgrenzung beseitigt, etwa durch Nähe und Berührung. Meistens sind es einfache gesprochene Befehle und Gesten, die die Heilung bewirken und zu einem gelingenden, erfüllten Leben führen.

Jesus erzählt Gleichnisse

Durch konkrete Handlungen, Gleichnisse und Lehrge-spräche steht Jesu Botschaft vom Reich Gottes im Zentrum seiner Verkündigung. In seinen Gleichnissen nimmt er Fragen und vertraute Bilder auf, um auf andere Art und Weise seine Botschaft zu verdeutlichen.

Jesus spricht zu seinem Vater: Das Vaterunser

Er setzt sich mit Pharisäern und Schriftgelehrten auseinan-der, lehrt seine Jünger das Vaterunser als Gebet. Der Ge-betsanrede folgen sieben Bitten, wovon fünf in diesem Spielebuch aufgenommen sind. Die ersten drei Bitten konzentrieren sich auf die Verherrlichung Gottes. Es folgt die Bitte um das tägliche Brot, d.h. die irdischen Bedürfnisse des Menschen. Die letzten drei Bitten befassen sich mit den geistlichen Anliegen, wovon exemplarisch die Bitte um die Erlösung von dem Bösen ins Spiel kommt.

Jesus geht dem neuen Leben entgegen

Mit dem Einzug zum Passahfest beginnt für die Evangelisten Jesu Leidensgeschichte. Nach dem Jubel wendet sich das Blatt. Es kommt die Stunde der Entscheidung. Er wird zum Tod am Kreuz verurteilt, trägt selbst das Kreuz und stirbt am Kreuz.

Das letzte Spiel nimmt den Kern und Ausgangspunkt der christlichen Botschaft auf: Der Weg Jesu ist nicht zu Ende. Das neue geschenkte Leben muss in der Tiefe verwurzelt werden und aufwachen.

Besonders in den Spielebüchern „Von Abendmahl bis Zehn Gebote", „Von Abraham bis Zachäus" und „Von Liebe und Leben" befinden sich zahlreiche weitere Spielideen, die eine Beziehung zum Leben Jesu herstellen.

Jesu Kindheit

Die ersten drei Spiele nehmen exemplarisch Jesu Herkunft und Kindheit auf. Nach biblischer Weissagung soll er in Bethlehem als Retter geboren werden. Schon als Junge geht er zu seiner Familie auf Distanz, um im Jerusalemer Tempel mit Schriftgelehrten zu diskutieren.

Eine hoffnungsvolle Verheißung

Biblischer Text:	**Jesaja 9,1-6**
Material:	**evtl. Tuch zum Verbinden**
Spieldauer:	**ab 15 Minuten**

Angst, Einsamkeit, Traurigkeit, Not – das sind Empfindungen von Menschen, die sich im Dunkeln befinden. In einer solchen Situation befanden sich die Volksgenossen des Propheten Jesaja zur Zeit der Besetzung ihres Landes durch die Assyrer. Jesaja macht im Auftrag Gottes Hoffnung: Jahwe selbst wird eingreifen und ein Licht senden, das die Finsternis vertreibt.

Es werden Kleingruppen mit mindestens drei Spielern gebildet.

1. Variante:
Jede Kleingruppe überlegt sich Gefühle und Empfindungen von Menschen, die in der Dunkelheit leben. Diese werden als Standbild den anderen vorgestellt, z.B. Joch tragen, Einsamkeit, ausgebrannt sein, Angst.

In einem zweiten Schritt können Gefühle und Empfindungen von Menschen dargestellt werden, die Lichterfahrungen machen, z.B. Jubel, Freude, Fröhlichkeit, Frieden, Gerechtigkeit.

Diese Standbilder werden nacheinander den anderen Kleingruppen vorgestellt.

2. Variante:

Die erste Spielvariante wird insofern erweitert, dass eine der drei Personen die Augen schließt. Die zweite Person nimmt zu einer Empfindung aus der Bibeltextstelle eine bestimmte Körperhaltung ein. In dieser Haltung bleibt der Spieler stehen. Der erste Spieler hat die Aufgabe, durch Abtasten die entsprechende Körperhaltung der zweiten Person zu erfühlen, dann bringt er den dritten Spieler in die entsprechende Körperhaltung. Anschließend darf der erste Spieler seine Augen öffnen.

Bevor evtl. ein Rollentausch innerhalb der Kleingruppe stattfindet, tauschen sich die Spieler über ihre Empfindungen zu der Körperhaltung aus.

Abschließend kommen die Spieler über den Satz ins Gespräch: Das Volk, das im Finstern wandelt, sieht ein großes Licht.

Jesus ist wie ein Stern in der Nacht

Biblischer Text: Matthäus 2,1-12
Material: **Sterne aus Tonkarton, Stifte, Kerze, Streichhölzer**
Spieldauer: **ab 10 Minuten**

Ein Stern verkündet den Weisen aus dem Morgenland: Ein großer König ist geboren! Sie folgen dem hell leuchtenden Stern und finden in Bethlehem das neugeborene Kind.

Auch Menschen können füreinander wie Sterne sein.

Jeder Spieler erhält zwei oder mehr Sterne aus Tonkarton. Darauf schreibt jeder seinen Namen oder eine Handlung, die ein solches Sternerleben verdeutlicht, wie z.B. Nächstenliebe, Zeit für Gespräche, Zeit für gemeinsames Essen, Lächeln für den anderen.

Alle Sterne werden in die Mitte gelegt, dazu ein großer Stern, der den Namen „Jesus" trägt.

Dann wird der Raum verdunkelt. Der Spielleiter bringt zehn Sterne zum Leuchten, indem er sie mit einer Kerze nacheinander anleuchtet. Anschließend versucht ein

Spieler, die vom Spielleiter angeleuchteten Sterne in der richtigen Reihenfolge zu benennen.

In einer zweiten Runde bringt dieser Spieler für einen anderen wieder zehn Sterne zum Leuchten usw.

Der zwölfjährige Jesus

Biblischer Text: Lukas 2,41-52
Material: nicht erforderlich
Spieldauer: ab 10 Minuten

Im Alter von zwölf Jahren geht Jesus das erste Mal mit Maria und Josef zum Passahfest nach Jerusalem. Nach den Festtagen machen sich alle auf den Heimweg. Erst nach mehreren Tagen bemerken seine Eltern, dass Jesus nicht unter dem Pilgervolk ist. Voll Sorgen und Angst suchen sie ihn und finden ihn im Gotteshaus, wo er Gott seinen Vater nennt.

In Anlehnung an diese Geschichte eignet sich das klassische Spiel „Verstecken": Ein Spieler versteckt sich und wird dann von den anderen gesucht. Hier machen die „gefundenen" Spieler die kostbare Beziehungserfahrung, dass sie für andere wichtig sind und zu anderen gehören. Gleichzeitig lässt sich dieser Spieler von anderen auch in Anspruch nehmen.

Wenn mehrere Spieler in der Rolle des Gesuchten waren, kann sich ein Gespräch zu den Fragen anschließen: *Bist du schon einmal von deinen Eltern sorgenvoll gesucht worden? Bist du dann herzlich empfangen worden, evtl. mit den Worten „Gott sei Dank"? Wohin gehöre ich?*

Jesus beginnt seinen Weg

Nach Aussage aller Evangelien beginnt Jesus nach seiner Begegnung mit dem Täufer Johannes, öffentlich an vielen Orten aufzutreten. Er sammelt Jünger um sich, die ihm helfen, anderen von Gott zu erzählen.

Jesus wird getauft – Ich bin getauft

Biblischer Text:	**Matthäus 3,13-17**
Material:	**große Spielfläche**
Spieldauer:	**ab 10 Minuten**

Jesus ist groß geworden. Er verlässt Nazareth und begegnet vielen Menschen, die umkehren, die das Leben suchen, die Gott gefallen wollen und die fragen: „Was will Gott von mir?" Diesen Menschen ist Jesus vor allem nahe. Als er nach der Taufe aus dem Wasser heraufsteigt, öffnet sich über ihm der Himmel und Gott spricht: „Dieser ist mein geliebter Sohn."

Hier offenbart sich eine enge Beziehung zwischen Jesus und Gott, seinem Vater, die uns als Getaufte auch die Nähe Gottes spüren lässt.

Ein Spieler legt sich auf den Rücken. Eine zweite Person legt sich ebenfalls auf den Rücken, jedoch mit ihrem Kopf auf den Bauch des ersten Spielers. Der dritte Spieler legt wiederum seinen Kopf auf den Bauch der zweiten Person. Wenn alle Spieler somit untereinander eine Beziehung hergestellt haben und damit Nähe entstanden ist, kann das Spiel beginnen:

Der Spielleiter hat sich verschiedene Wörter bzw. Sätze überlegt. Jedes Wort, jeder Satz erhält einen „Nähe-Code", z.B. das Wort „Taufe" besitzt den Code: „Einmal einatmen". Der Satz „Ich bin getauft" besitzt den Code: „Zweimal einatmen". Der Satz „Jesus ist mein geliebter Sohn" besitzt den Code: „Dreimal einatmen".

Der Spielleiter verkündet die Sätze und Codes der spielenden Gruppe. Dann flüstert er dem ersten Spieler ein Wort/einen Satz ins Ohr, z.B. „Taufe". Dieses Wort wird an den zweiten Spieler transportiert, indem der erste einmal einatmet. Der zweite Spieler spürt den Code und gibt diesen an den nächsten Spieler weiter. Der letzte Spieler sagt dann das erspürte Wort/den erspürten Satz laut in die Gruppe hinein.

Jesus besteht eine Probe

Biblischer Text: Matthäus 4,1-11
Material: nicht erforderlich
Spieldauer: ab 20 Minuten

In der Wüste wird Jesus auf die Probe gestellt. Als Sohn Gottes hat er die Macht, Hungrige zu speisen, Kranke zu heilen und Tote aufzuerwecken. Wird er diese Macht für sich selbst gebrauchen oder wird er auf Gott vertrauen? Jesus besteht die Probe und wird schließlich von Engeln begleitet.

Jeder Spieler überlegt sich eine Szene aus seinem Leben, in der er selbst schon einmal in Versuchung geraten ist. Dann bilden die Spieler mehrere Kleingruppen mit maximal sechs Personen. Sie stellen sich untereinander ihre Alltagserfahrungen vor und einigen sich auf eine Szene. Diese wird als Rollenspiel den anderen Kleingruppen vorgespielt.

Nach der Präsentation der Rollenspiele kommen die Teilnehmer über ihre Erfahrungen ins Gespräch:
Wie habe ich mich in der gespielten Situation gefühlt?
Ist es mir leicht gefallen, hier Nein zu sagen?
Wenn mir das Nein-sagen in bestimmten Situationen schwer fällt, habe ich mich daran erinnert, dass ich Gott vertrauen kann und seine Engel mich begleiten?

Jesus geht zu den Menschen

Biblischer Text:	**Matthäus 4,18-25**
Material:	**für jeden Spieler ein Seil mit einer Länge von ca. 1 m, evtl. Legematerialien oder Namenskarten**
Spieldauer:	**ab 20 Minuten**

Jesus sucht nach Menschen, die ihm helfen, anderen von Gott zu erzählen. Er ruft sie bei ihrem Namen. Jesu Gefährten sollen von nun an keine Fische mehr in Netzen fangen, sondern starke Menschennetze knüpfen.

Jeder Spieler erhält ein Seil von ca. 1 m Länge. Zunächst kann das Seil ins Spiel kommen. Was lässt sich alles mit dem Seil erspielen?

In einem zweiten Schritt beginnt ein Spieler. Er ruft einen Namen aus der Gruppe nach dem Muster: „Sabrina, steh´ auf und komm!" Die aufgerufene Person geht auf die erste Person zu. Beide verbinden ihr Seil miteinander. Dann ist Sabrina an der Reihe. Auch sie ruft eine Person mit den entsprechenden Worten auf. Ein weiteres Seil wird angeknüpft, sodass allmählich ein Netz untereinander entsteht. Wenn alle Personen über ihr Seil miteinander verbunden sind, wird das Netz aus den Seilen auf den Boden abgelegt.

Als abschließenden Baustein betrachten alle Spieler das Bild des Netzes. Ein Netz bindet ein, verbindet, trägt.

In einem nächsten Schritt kommen die Namen der Spieler ins Spiel. Verschiedene Spielvarianten sind möglich:

1. Variante:
Mit Hilfe von verschiedenen Legematerialien knüpft jeder seinen Namen in das Netz ein, z.B. an einem Knotenpunkt oder an einer anderen Stelle, die dem Spieler wichtig ist.

2. Variante:
Der Spielleiter hat für jeden Spieler eine Namenskarte vorbereitet, die jeder erhält. Wie bei der ersten Variante entscheidet jeder für sich, an welcher Stelle des Netzes er sie ablegen möchte.

Dann wird gemeinsam das Bodenbild betrachtet. Im Gespräch tauschen sich die Spieler darüber aus:
Welche Aufgabe habe ich?
Mit welchen meiner Fähig- und Fertigkeiten möchte ich Menschen in das Netz einbinden und für Gott begeistern?

Jesus wirkt an vielen Orten

Material:	Papier und Stifte, Korb, Tuch zum Verbinden
Spieldauer:	ca. 10 Minuten

Jesus ist in Bethlehem geboren. Nach der Geburt muss er nach Ägypten fliehen, dann lebt er mit Maria und Josef in Nazareth. Während seiner Wirkungszeit wandert er von einem Ort zum anderen: Jerusalem, Genezaret, Jericho, Judäa, Gebiet von Tyrus, Kapernaum etc.

Alle Spieler sitzen in einem Stuhlkreis. Zusammen sammeln sie Orte, an denen sich Jesus aufgehalten hat. Jeder Ort wird auf einen Zettel geschrieben, die alle in einem Korb gesammelt werden. Wenn entsprechend der Anzahl der Spieler Ortsnamen aufgeschrieben worden sind, zieht jeder Spieler – verdeckt – einen Zettel.

Ein Freiwilliger geht mit verbundenen Augen in die Mitte. Dann gibt jeder Spieler laut seinen gezogenen Ortsnamen bekannt. Der Nicht-Sehende hört dabei noch einmal alle diese Namen. Damit er wieder einen Platz im Stuhlkreis einnehmen kann, ruft er z. B.: „Ich reise von Jerusalem nach Genezaret." Die aufgerufenen Spieler tauschen die Plätze, während der „Blinde" versucht, einen der beiden zu erwischen. Derjenige, der gefangen wurde, muss sich die Augen verbinden lassen. Die Ortsnamen werden vor der nächsten Spielrunde untereinander getauscht.

Variante:
Es dürfen auch Zwischenstationen genannt werden: Ich reise von Jerusalem über Jericho nach Genezaret.

Jesus zeigt: Gott will gelingendes, erfülltes Leben / Jesus heilt

Viele verschiedene Wundertaten Jesu sind in den Evangelien überliefert: Es sind Heil-, Geschenk-, Rettungs- und Normenwunder sowie Totenerweckungen. Das Neue Testament berichtet auch häufig über Jesu Zuwendung zu Ausgegrenzten und sein Heilwirken, das die Ursache der Ausgrenzung beseitigt, etwa durch Nähe und Berührung. Meistens sind es einfache gesprochene Befehle und Gesten, die die Heilung bewirken und zu einem gelingenden, erfüllten Leben führen.

Jesu rettende Macht – Von der Stillung des Sturmes

Biblischer Text: Markus 4,35-41
Material: Kreppklebeband
Spieldauer: ca. 10 Minuten

Jesus ist mit seinen Jüngern auf dem See Genezaret, als plötzlich Sturm aufkommt. Während Jesus schläft, haben die Jünger große Angst. Sie wecken Jesus. In diese Situation hinein schenkt er ihnen neuen Halt und Vertrauen.

Auf dem Fußboden ist mit Kreppklebeband ein Schiff in einer Größe aufgeklebt, dass alle Teilnehmer dort sitzend Platz finden können. An diesem Schiff ist deutlich erkennbar: Bug, Heck, Backbord und Steuerbord. Alle Spieler sitzen in der Mitte des Schiffes. Dann beginnt das Spiel: Der Spielleiter ruft laut „Bug", „Heck", „Steuerbord" oder „Backbord". Jeder Spieler versucht so schnell wie möglich den genannten Schiffteil zu erreichen, ohne die Schiffsumrandung zu verlassen. Wer als letzter diesen Bereich erreicht, geht von Bord und überlegt sich Antworten auf die Fragen:
Wer ist Jesus? Welche Macht hat er, dass ihm sogar Wind und See gehorchen?

Dann beginnt die zweite Spielrunde. Es wird so lange gespielt, bis nur noch ca. zwei bis drei Spieler auf dem Schiff sind.

Im Anschluss an das Spiel kommen die Spieler über die oben genannten Fragen ins Gespräch und tauschen sich über ihre Erfahrungen von Geborgenheit und Sicherheit aus.

Jesus möchte von Sorgen befreien

Biblischer Text:	Matthäus 6,25-30
Material:	Gaben aus der Natur
Spieldauer:	ab einem Tag

Wer kennt das nicht – das Sorgen und das Ängstigen um sich selbst? Aber das Leben geht nicht in der Sorge auf. Deswegen ist es wichtig zu bedenken, was mir/uns an Leben geschenkt wird. Daran erinnert Gottes Sohn in seiner Verkündigung: Denn Gott weiß, was ich brauche. Er sieht mich und tut viel mehr für mich, als ich es ahnen kann.

Dieses Spiel eignet sich besonders gut während einer Freizeit und für eine Gruppe, die sich über einen langen Zeitraum regelmäßig trifft.

Die Gruppe wird in zwei Kleingruppen eingeteilt. Die Spieler aus der einen Gruppe übernehmen die Rolle der Schenkenden. Dazu bringt jeder aus der Kleingruppe zu einer vereinbarten Zeit, entweder zum nächsten Gruppentreffen oder zum nächsten Tag, einen kleinen Schatz/eine Schönheit aus der Natur mit. Jeder darf sich aussuchen, welcher Person aus der anderen Kleingruppe er sein Geschenk überreichen möchte.

Zu einer anderen Zeit können die Rollen gewechselt werden. So wird jeder einmal zum Schenker und Empfänger einer schönen Gabe.

Dieses Interaktionsspiel kann mit einem Gespräch abschließen:

Was war für mich schöner: zu schenken oder beschenkt zu werden?

Was habe ich beim Empfang eines Geschenkes empfunden?

Habe ich mehrere Geschenke erhalten?

Habe ich kein Geschenk erhalten? Wenn ich nicht beschenkt wurde, wie habe ich mich dabei gefühlt?

Von wem aus der Gruppe hätte ich gerne ein Geschenk erhalten?

Wer festhält, verliert.
Wer loslässt, gewinnt.

Biblischer Text: Markus 8,34-38
Material: zwei runde Luftballons, evtl.
einige zur Reserve
Spieldauer: ab 10 Minuten

Jesus bereitet seine Jünger allmählich auf das Leiden vor, das ihm bevorsteht: Wer festhält, verliert, wer jedoch loslässt, gewinnt.

Alle Spieler sitzen im Stuhlkreis. Der Spielleiter zählt mit fortlaufenden Nummern ab. Die Spieler mit gerader bzw. mit ungerader Ziffer bilden jeweils eine Mannschaft. Sie erhalten verschieden-farbige Luftballons, die zum Startbeginn von zwei sich gegenüber sitzenden Personen in den Händen gehalten werden. Auf ein Startzeichen des Spielleiters reichen die Spieler den Ballon im Uhrzeigersinn an den nächsten Spieler ihrer Mannschaft weiter. Die jeweils dazwischen sitzenden Spieler der anderen Mannschaft behindern die Weitergabe des Luftballons nicht. Ziel des Spiels ist es, dass ein Ballon den anderen einholt. Wer zu lange seinen Ballon in den Händen hält, bringt seine Mannschaft zum Verlieren. Wer aber schnell loslässt, wird seine Mannschaft zum Gewinn bringen.

Jesus erweckt einen Toten

Biblischer Text:	**Lukas 7,11-17**
Material:	**Decke**
Spieldauer:	**ab 5 Minuten**

In seinem Leben hat Jesus Menschen immer wieder ins Leben zurückgeführt. So zeigt Jesus: Gott will das Leben, gelingendes, erfülltes Leben.

In dieser Geschichte ist Jesus betroffen von der Trauer und Not der Mutter um ihren Sohn. Jesus schaut beim Trauerzug nicht weg, sondern sieht diese Mutter an, weckt ihren Sohn von den Toten auf und gibt ihn ihr zurück.

Ein Spieler legt sich als freiwillige Person in eine Decke. Dann wird er – eingehüllt in dieser Decke – von den anderen Spielern getragen. Auf der einen Seite nimmt der Freiwillige die Geborgenheit wahr, das Gefühl, von den anderen getragen zu werden. Aber dieses Erleben hat auch eine zweite Seite: Über diesen Spieler wird verfügt. So erlebt er auf der anderen Seite das Gefühl von Eingebundensein, Bewegungslosigkeit und Unselbstständigkeit. Wenn er wieder auf seinen eigenen Füßen steht, kann er für sich die Befreiung wahrnehmen.

Mit offenen Augen – meinen Nächsten – sehen

Biblischer Text: Lukas 10,25-37
Material: evtl. Zimbel oder ähnliches Instrument, Seile, zwei Körbe, Bild von einer verletzten Person, zwei rote Chiffontücher, Schälchen mit Öl, Kerze, Legematerialien
Spieldauer: ab 30 Minuten

Der barmherzige Samariter handelt ohne Gegenleistung an seinem Nächsten, weil das Opfer seine Hilfe nötig hat. Er sieht und handelt. Beides vollzieht sich aus dem Herzen heraus, in der Liebe zu dem Menschen, der bedürftig ist. Damit lebt der Samariter durch seine Handlungsweise in der Nachfolge Jesu.

Mit offenen Augen sehen

Die Spieler werden gebeten, sich mit offenen Augen im Raum umzuschauen und wahrzunehmen, welche Gegenstände im Raum sind, welche Farben und Formen sie haben. Nach geraumer Zeit schließen sie die Augen. Sie sollen ihre Eindrücke vor ihrem geistigen Auge vorbeiziehen lassen.

Was kann ich noch sehen?
Was habe ich noch in Erinnerung?

Jeder Spieler darf mit geschlossenen Augen einen Gegenstand den anderen beschreiben. Dann öffnen alle die Augen. Es kann das klassische Kinderspiel „Ich sehe was, was du nicht siehst" folgen.

Mit offenen Augen meinen Nächsten sehen

Alle werden gebeten, sich gegenseitig anzusehen. Dazu gehen alle in der Mitte des Raumes umher. Wenn sich Blicke begegnen, können sich die Spieler mit ihren Augen begrüßen, einander zulächeln oder zunicken. Dann setzen sich alle wieder auf ihren Platz. Von dort aus wird der rechte, der linke Nachbar und das gegenüber sitzende Kind mit offenen Augen angeschaut. Jeder beobachtet, welche Farben die Kleidung der anderen hat, wer Schmuck trägt, welche Augen- und Haarfarbe die anderen haben oder wer eine Brille trägt. Dabei wird mit einem einander Achtung schenkenden Blick beobachtet. Der Nächste ist einem nicht gleichgültig.

Dann werden die Augen geschlossen, evtl. kann hierzu ein Zimbelton erfolgen. Die Spieler werden eingeladen,

Revue passieren zu lassen, wen oder was sie noch sehen können. Jeder darf mit geschlossenen Augen den anderen etwas mitteilen. Dann erfolgt wieder ein Zimbelton, und die Spieler öffnen ihre Augen.

Der Spielleiter fasst diesen Baustein mit seinen Worten zusammen, z.B.: „Wir haben mit offenen Augen den andern gesehen. Der andere ist mein Nächster. Ihn habe ich mit weitem und offenem Herzen geschaut."

Als Zeichen dafür sind die Spieler eingeladen, mit Hilfe von Seilen jeweils ein Herz vor ihrem Platz zu formen. Schön ist dabei die Geste, wenn die Seile in einem Körbchen liegen. Der Spielleiter nimmt ein Seil aus dem Körbchen und reicht es seinem rechten Nachbarn weiter. Der Empfangene legt das Seil vor sich ab, und bringt seinem rechten Nachbarn ein Seil aus dem Körbchen usw.

Mit offenen Augen meinen Nächsten sehen und handeln
Ein Spielleiter bringt einen Korb in den Umlauf, der mit zwei roten Chiffontüchern bedeckt ist und somit das Innere – ein Bild von einer verletzten Person – verbirgt. Jeder darf der Reihe nach in den Korb schauen („Schau mit offenen Augen und handle!"). Die beiden roten Tücher werden so vom Spieler angehoben, dass nur er hineinschauen kann. Anschließend verdecken die beiden Tücher das verborgene Bild wieder. Dann wird das

Körbchen an die zweite Person weitergereicht. Der Letzte stellt das Körbchen in die Mitte des Stuhlkreises. Nun darf ein Spieler ohne Worte die Haltung des auf dem Bild abgebildeten Menschen einnehmen. Die anderen Spieler spielen diese gezeigte Haltung nach. Dieser Schritt kann mehrmals wiederholt werden.

Dann nehmen alle Spieler vor ihrem Stuhl die dem Bild entsprechende Haltung ein und assoziieren ihre Gefühle. Das Herz wird schwer und eng, wenn das Gesehene in Worte gefasst wird:

Ich bin krank, ich bin verletzt, ich bin allein, ich brauche Hilfe, wer kann mir helfen usw.

Wichtig ist dabei, dass alles Gesagte seinen Raum in der Gruppe hat. Es wird nicht kommentiert.

Dann geht der Spielleiter auf seinen rechten Nachbarn zu. Er sieht die „verletzte" Person. Er legt ihr liebevoll die Hand auf und streicht einen Tropfen Olivenöl sanft über die Stirn oder Hand des Spielers. Er hilft ihm beim Aufstehen und begleitet ihn zur Mitte.

Es folgt ein Rollentausch. Der, dem gerade geholfen wurde, geht selbst auf seinen rechten Nachbarn zu, sieht und handelt, wie an ihm getan. Dieser Baustein wird so lange wiederholt, bis alle Spieler in der Mitte stehen.

Im nächsten Schritt wird das Körbchen „ent-deckt". Die beiden roten Tücher werden in der Mitte des Stuhlkreises zu einem Herz geformt, auf das anschließend das Bild von der verletzten Person abgelegt wird. Der Spielleiter kann dies mit den Worten einleiten:

„Wir haben aus ganzem Herzen gehandelt und den Nächsten behandelt, wie wir selbst mit Herz behandelt werden möchten."

Der Spielleiter nimmt das Körbchen aus dem Kreis. Der Spieler, der das Ölschälchen noch in den Händen hält, stellt es zum Bild in die Herzmitte.

Während die Spieler im Raum verteilt Platz nehmen, erzählt der Spielleiter die Geschichte vom barmherzigen Samariter. Dabei entzündet er eine Kerze, die er in die Mitte des Herzens stellt. Abschließend können alle Spieler mit Legematerialien einen Weg von ihrem Herz zum Herz des Nachbarn und zur Mitte des Kreises legen: Die Liebe, die Gott, den Nächsten und mich selbst verbindet, wird sichtbar.

Jesus verändert Zachäus

Biblischer Text: Lukas 19,1-10
Material: Schminke
Spieldauer: ca. 10 Minuten

Zachäus war ein reicher Zöllner zur Zeit Jesu und vom Geld besessen. Eines Tages begegnet er Jesus, der sein Leben verändert.

Alle Spieler sitzen im Stuhlkreis. Ein Spieler erhält den Namen „Zachäus". Alle anderen Spieler bekommen entweder eine fortlaufende Nummer oder einen Begriff, wie z.B. Ja, Nein, Sicher, Tatsächlich, Vielleicht. Im Spiel sollten mehr Zahlen als Wörter vorhanden sein. Der Spielleiter selbst steht in der Mitte und spielt den „Herrn". Im Spiel wird dabei folgender Dialog wiederholt:

Herr: „Zachäus, Zachäus!"
Zachäus: „Ja, Herr!"
Dabei muss Zachäus unbedingt aufstehen.
Herr: „Was kostet der Zoll?"
Zachäus: „Fünf."
Zachäus hat die Aufgabe, eine der im Spiel vorhandenen Zahlen zu sagen. Der Herr kann nun mit der von Zachäus

benannten Zahl, mit einer anderen Zahl oder mit einem Begriff antworten.

Herr: „Sieben."
Zahl 7: „Ja, Herr."

Wichtig ist, dass alle Spieler, die vom Herrn aufgerufen werden, vor ihrem Herrn aufstehen und ihren Einsatz nicht verpassen. Wer einen Fehler macht, erhält einen farbigen Punkt auf der Stirn. Sollte in diesem Dialogbeispiel die „Zahl 5" ebenfalls aufgestanden sein, so erhält sie einen Schminkpunkt auf der Stirn. Nur das zählt, was der Herr sagt!

Ich bin das Brot des Lebens

Biblischer Text: Johannes 6,22-35
Material: Tücher und Glassteine in den
    Farben Rot, Blau, Gelb, Grün,
    evtl. Musik
Spieldauer: ab 10 Minuten

Nach der Speisung der 5000 (Johannes 6,1-15) fragen die Menschen wieder nach Brot. Wonach haben die Menschen Hunger? Was suchen sie bei Jesus?

Bei der Speisung hat er die Menschen satt gemacht, aber er hat ihnen viel mehr gegeben als nur Brot. Er hat ihnen sich selbst gegeben: Brot des Lebens. Er ist Lebensbrot für viele Menschen. Wenn von Brot die Rede ist, dann ist all das gemeint, was ich zum Leben brauche.

Zusammen mit den Spielern wird überlegt, was alles zum Leben gebraucht wird, z.B. Liebe, Wärme, Sonne, Wasser, Luft, Erholung in der Natur, Bäume.
Diese Begriffe werden vier Farben zugeordnet, z.B.:
Liebe und Wärme entsprechen der Farbe Rot
Sonne und Licht entsprechen der Farbe Gelb
Wasser, Himmel und Luft entsprechen der Farbe Blau

Natur, Erholung und Bäume entsprechen der Farbe Grün. Entsprechend den vier Farben werden Tücher jeweils in die vier Ecken des Spielraumes gelegt. Alle Spieler bewegen sich auf der Spielfläche, evtl. nach Musik. Wenn der Spielleiter z.B. „Wärme" oder „Liebe" ruft, bewegen sich die Spieler zum roten Tuch. Wer zuletzt das Tuch erreicht, scheidet aus und bekommt einen roten Glasstein geschenkt. In den nächsten Spielrunden ruft der Spielleiter immer wieder andere Begriffe auf. Immer, wenn Spieler ausscheiden, erhalten sie entsprechend der Farbe einen Glasstein. Wenn der Spielleiter „Brot des Lebens" ausruft, dann müssen alle Spieler eine Verbindung zwischen allen Farben herstellen. Solange noch viele Spieler mitspielen, schaffen sie diese „Brücke", indem sie sich an den Händen festhalten. Später, wenn schon viele Spieler ausgeschieden sind, können die Farben nur verbunden werden, indem sich die Spieler z.B. auf den Boden legen.

Ich-bin-Worte Jesu

Biblische Texte: im Johannesevangelium
Material: nicht erforderlich
Spieldauer: ab 10 Minuten

Jede Ich-bin-Aussage stellt einen Spitzensatz des johanneischen Christuszeugnisses dar.

In Anlehnung an die Regeln des klassischen Spiels „Sching, Schang, Schong" kommen die Worte Hirte (Joh 10,11), Brot (Joh 6,35) und Licht (Joh 8,12) in Bewegung.

In einem ersten Schritt überlegt sich die Spielgruppe pantomimische Darstellungen zum Hirten, Brot und Licht.

Dann wird die Gruppe in zwei Kleingruppen eingeteilt. Jede Kleingruppe überlegt sich, welches Wort sie auf ein Startzeichen des Spielleiters hin darstellen möchte:
Der Hirte braucht das Brot zum Leben.
Das Brot braucht das Licht (Feuer), um zum Brot zu werden.
Das Licht braucht der Hirte zum Leben, d.h.:
Hirte schlägt Brot, Brot schlägt Licht und Licht schlägt den Hirten.

Wenn beide Spielgruppen gleichzeitig das gleiche Wort darstellen, werden keine Punkte vergeben.

Mit der Spielgruppe können verschiedene Spielziele vereinbart werden. Zum einen kann so lange gespielt werden, bis eine Gruppe drei Punkte erhalten hat. Zum anderen muss ein Spieler zur gegnerischen Kleingruppe überwechseln, wenn seine eigene Mannschaft keinen Punkt erreicht hat.

Jesus heilt eine kranke Frau

Biblischer Text: Markus 5,21-34
Material: evtl. ein Tuch zum Verbinden
Spieldauer: ab 10 Minuten

Bedeutsam für diese Berührungs- bzw. Begegnungsgeschichte ist die Beziehung zwischen der kranken Frau und Jesus, die durch Liebe, Vertrauen und Glauben geprägt ist. Diese Frau möchte die Nähe von Jesus spüren, ihn anrühren und ertasten. Dazu berührt sie, ohne die Aufmerksamkeit auf sich zu lenken, Jesu Gewand, damit er sie heilt.

Alle Spieler sitzen in einem Stuhlkreis oder auf dem Boden und schließen dabei die Augen. Der Spielleiter geht auf eine Person zu und berührt diese behutsam an einem Kleidungsstück. Die angerührte Person darf die Augen öffnen, auf eine andere Person zugehen und sie ebenfalls an einem Kleidungsstück berühren. Diese Beziehungserfahrung wird so lange wiederholt, bis jeder Spieler sanft berührt wurde.

In einem zweiten Schritt werden einem Spieler die Augen verbunden und er wird in die Mitte der Spieler gestellt. Eine andere Person tritt vor die erste Person. Sie tastet sich vertrauensvoll heran und versucht, den Partner an seiner Kleidung zu erkennen. Der berührte Spieler spürt seine Wertschätzung: Von ihm geht Kraft aus.

Effata, öffne dich

Biblischer Text: **Markus 7,31-37**
Material: **nicht erforderlich**
Spieldauer: **ab 10 Minuten**

Jesus wandert durch das Land. Er schenkt vielen Menschen vielfältig neues Leben. So bringen sie einen Taubstummen zu Jesus und bitten ihn, er möge ihn berühren. Jesus legt ihm die Finger in die Ohren und berührt seine Zunge. Dann spricht er dem Taubstummen zu: „Effata!" Das heißt: Öffne dich! Sogleich kann dieser Mann hören und reden.

Alle Spieler sitzen in einem Kreis. Zunächst wird auf die Geräusche gehört, die zu hören sind, z.B. Menschenstimmen, Autos, Vogelgezwitscher, das Ticken einer Uhr. Nach einer Phase des Hörens teilen sich die Spieler gegenseitig mit, was sie alles gehört haben.

In einem zweiten Schritt schließen alle die Augen. Der Spielleiter geht zu einer Person hin und flüstert ihr leise ins Ohr „Effata, öffne dich!" Die angesprochene Person darf die Augen öffnen und geht auf eine zweite Person zu und spricht ihr ebenfalls die Worte Jesu zu. Dann geht die zweite Person zu einer dritten Person, während sich die erste Person mit geöffneten Augen zurück auf ihren Platz setzt. In diesem Wahrnehmungsspiel werden beide Fähigkeiten angesprochen: das Hören und das Reden. Jeweils ein Spieler findet einen Zugang zu einer anderen Person, die sich spielerisch anrühren und öffnen lässt.

Jesus rührt Herzen an

Biblischer Text:	**z.B. Markus 3,1-6, Markus 10,46-52, Lukas 13,10-17, Lukas 19,1-10**
Material:	**Papier, Stifte, evtl. Korb, Material für die Spielvariante: Kreppklebeband, Stift**
Spieldauer:	**ab 10 Minuten**

In vielen Begegnungen rührt Jesus die Herzen der Menschen an und sie richten ihre Lebensgestaltung an seinen Maßstäben aus. In der Bibel gibt es dazu viele Begegnungsgeschichten, z.B. Heilung einer verdorrten Hand (Markus 3,1-6), Bartimäus (Markus 10,46-52), Heilung einer verkrümmten Frau (Lukas 13,10-17), Zachäus (Lukas 19,1-10).

In der Gruppe werden gemeinsam solche Geschichten aus der Bibel gesammelt. Jede Person wird beim Namen genannt und auf einzelne Zettel geschrieben. Anschließend zieht jeder Spieler einen Zettel. Von dieser Person muss in Form einer Beschreibung erzählt werden. Die Identität der Person wird dabei nicht offensichtlich preisgegeben. Die übrigen Spieler raten, auf welche Person die Beschreibung zutrifft.

Tipp:

Das Spiel gewinnt an Reiz, wenn vor der Namensziehung Kleingruppen von ca. drei Personen gebildet werden, die sich gegenseitig bei der Umschreibung der gezogenen Person unterstützen.

Variante:

Die Spieler sitzen in einem Kreis. Ein Spieler geht für einen kurzen Moment aus dem Raum. Die anderen denken sich für ihn eine Person aus, die von Jesus geheilt wurde. Diese wird auf Kreppband geschrieben. Dann wird der Spieler in den Raum zurückgeholt und ihm das Klebeband so auf die Stirn geklebt, dass er seine Identität nicht lesen kann. Auf diese Weise wird für alle Spieler nacheinander eine Person aus der Bibel ausgewählt. Dann beginnt das Spiel: Ein Spieler versucht, durch Suggestivfragen seine Identität zu erraten. Sobald er durch die anderen Spieler ein Nein erhält, ist der nächste Spieler an der Reihe. Wenn der erste Spieler seine Identität erraten hat, kann je nach zur Verfügung stehenden Zeit so lange weiter geraten werden, bis alle Spieler ihre Identität erraten haben.

Jesus erzählt Gleichnisse

Durch konkrete Handlungen, Gleichnisse und Lehrgespräche steht Jesu Botschaft vom Reich Gottes im Zentrum seiner Verkündigung. In seinen Gleichnissen nimmt er Fragen und vertraute Bilder auf, um auf andere Art und Weise seine Botschaft zu verdeutlichen.

Das Gleichnis von den anvertrauten Talenten

Biblischer Text: Matthäus 25,14-30
Material: Kopien mit einem men-
                    schlichen Körperumriss,
                    Stifte, evtl. Tapetenrolle,
                    Klebstoff
Spieldauer: ab 15 Minuten

In der Geschichte Jesu vertraut ein Kaufmann vor Antritt einer Reise sein Vermögen drei Knechten an. Entsprechend seiner Einschätzung ihrer Tüchtigkeit erhält der eine fünf, der andere zwei Talente und der dritte ein Talent. Die ersten beiden haben Erfolg und verdoppeln ihren Geldwert. Der dritte möchte kein Risiko eingehen und vergräbt das Geld. Diesen Mann lässt der Kaufmann seine Härte spüren und nimmt ihm das Geld ab, um es dem ersten Knecht noch zusätzlich zu geben. Das Gleichnis macht deutlich: Jesus vertraut uns etwas an und traut uns etwas zu. Er sieht Unterschiede, aber keiner ist ohne Talente. Sie gilt es, nicht liegen zu lassen, sondern sie zur Selbstverwirklichung und zur Freude anderer einzusetzen.

Bei dem folgenden Interaktionsspiel machen sich die Spieler Gedanken über die ihnen anvertrauten Talente.

Zunächst erhält jeder Spieler einen auf Papier gezeichneten menschlichen Körperumriss. In diesen Menschen trägt jeder für sich seine Talente ein, ordnet sie dabei den entsprechenden Körperteilen zu, z.B. wer gut Fußball spielen kann, trägt dieses Talent in den Fußteil der Kopie ein etc.

In einem zweiten Schritt stellt jeder Spieler seine Talente den anderen vor. In dieser Runde wird bereits deutlich: Jeder hat unterschiedliche Talente und der eine hat mehr als der andere. So ist das im Leben.

In einem dritten Schritt kann aus diesen Bildern eine Gruppencollage auf einer Tapetenrolle entstehen. Sie macht deutlich: Jeder macht etwas aus seinen Talenten.

Ein Auswertungsgespräch kann sich an das Interaktionsspiel anschließen:
Welche Talente habe ich?
Welche Entdeckung mache ich, wenn ich meine Talente mit denen der anderen vergleiche?
Welchen Wunsch habe ich für den anderen, wenn ich an sein/e Talent/e denke?

Das Gleichnis vom großen Abendmahl

Biblischer Text:	**Lukas 14,15-24**
Material:	**Textvorlage, evtl. Papier und Stifte**
Spieldauer:	**ab 20 Minuten**

Die Geschichte wird zweimal gelesen, wegen des unterschiedlichen Eindruckes von zwei verschiedenen Personen, möglichst von einer Frauen- und einer Männerstimme. Die Zuhörer können zwei unterschiedliche Orte mit unterschiedlichen Körperhaltungen, z.B. sitzen, stehen oder liegen, im Raum einnehmen. Nach der Textlesung kommen alle Spieler wieder zusammen und es werden die im Text vorkommenden Personen, z.B. der Gastgeber, der Knecht, der Ackerkäufer, der Ochsenkäufer, der Bräutigam, die Armen, die Lahmen und die noch dabei gewesen sein könnten, z.B. die Braut, eine Magd, ein Koch, gesammelt und notiert. Aus der Spielgruppe wählt sich jeder eine Rolle. Die Rollen, die nicht besetzt sind, werden beiseite gelegt. Jeder Spieler macht sich Gedanken zu seiner Rolle und notiert sich evtl. dazu Stichpunkte. Dann beginnt einer, die Geschichte aus seiner Sicht zu erzählen. Ein anderer Spieler darf den Erzähler unterbrechen, um seine Sichtweise deutlich zu machen. Der Spielleiter achtet darauf, dass keiner in seiner Erzählung zu kurz kommt.

Variante 1:
Die Spieler einigen sich auf eine Situation in der Geschichte und stellen diese in einem Standbild dar. Jeder sucht dabei seinen Platz und seine Position, bis alle zufrieden sind. Es folgt ein Auswertungsgespräch.

Variante 2:
Diese Geschichte wird z.B. als Krimi, Science Fiction, Lustspiel oder Oper dargestellt.

Tipp:
Diese Spielmethode lässt sich auf jede andere biblische Geschichte, in der mindestens zwei Personen vorkommen, übertragen.

Das Gleichnis vom verlorenen Schaf und Groschen

Biblischer Text: Lukas 15,1-10
Material: entweder ein Stofftier-Schaf
                       oder ein Silberstück
Spieldauer: ca. 10 Minuten

Beide Gleichnisse sind eng miteinander verbunden. Da ist der Hirte, der sein verlorenes Schaf sucht, und da ist die Frau, die erschreckt feststellt, dass ihr ein Silberstück fehlt. Sowohl der Hirte als auch die Frau suchen so lange, bis sie das Vermisste finden. Beide freuen sich über das Wiederfinden.

Je nach dem, welche Geschichte im Mittelpunkt steht, versteckt der Spielleiter entweder ein Stofftier-Schaf oder ein Silberstück im Raum. Alle Spieler fangen an, danach zu suchen. Wer es gefunden hat, setzt sich unauffällig an seinen Platz zurück. Wenn alle den Gegenstand gefunden haben, darf der erste Finder diesen Gegenstand für die nächste Spielrunde verstecken.

Das Gleichnis vom verlorenen Sohn

Biblischer Text: Lukas 15,11-32
Material: nicht erforderlich
Spieldauer: ca. 10 Minuten

Der Zweitgeborene geht fort, um in der Ferne sein Glück zu suchen. Als alles verloren zu sein scheint, kehrt er heim und kommt an.

Im Identifikationsspiel sollen die Spieler in ihrer Hoffnung gestärkt werden, dass es nach jedem Fortgehen auch ein An- und Heimkommen gibt. In der Liebe Gottes erwartet mich ein endgültiges Heimkommen, ein Aufgehobensein.

Die Spieler bilden stehend einen Kreis und fassen sich an den Händen. Sie empfinden nach, was dieser geschlossene Kreis bedeuten kann und äußern ihre Empfindungen, z.B. Verbundenheit, Geborgenheit, Umschlossensein.

Anschließend darf sich jemand aus der Gruppe in den Kreis setzen und seine Empfindungen den anderen mitteilen: Ich bin in einem Haus, in einer Höhle ...

Dann setzen sich alle kreisförmig auf den Boden und spüren die Nähe des Nachbarn. Wer mag, darf die Augen dabei schließen. Der Spielleiter berührt dann einen Spieler, der die Augen öffnet und den Kreis verlässt. Im Fortgehen löst sich die Nähe, die Bindung, deswegen darf derjenige, der spürt, dass sein Nachbar geht, ebenfalls aufstehen und fortgehen.

Wenn alle aufgestanden und fortgegangen sind, dürfen die Spieler durch den Raum gehen: Zunächst jeder in seinem Tempo, dann sehr schnell, vor Freude springend, Gräben übersteigend, bis an die eigenen Grenzen kommend. Diese Wege haben die Spieler „müde" und erschöpft gemacht, so dass sie heimfinden mögen. So geht jeder Spieler nach und nach wieder in den Kreis zurück. Wenn alle „heimgekommen" sind, fassen sich alle Spieler an den Händen an und spüren wieder die Nähe des Nachbarn. Eine Freude über das Beisammensein darf entstehen.

Das Gleichnis vom reichen Mann und armen Lazarus

Biblischer Text: Lukas 16,19-31
Material: Textvorlage
Spieldauer: ab 30 Minuten

Diese Erzählung Jesu könnte auch mit der Überschrift versehen sein: „Die fünf Geschwister des reichen Mannes." Hier geht es um die Mahnung an die Lebenden, die aus dem Tod eines Bruders bzw. Mitmenschen entsteht.

Bei diesem Rollenspiel sollen nicht der reiche Mann und Lazarus selbst im Mittelpunkt stehen, sondern die Mahnung an die fünf Geschwister des reichen Mannes. Für diese fünf Personen werden in der Gruppe gemeinsam Rollenbeschreibungen überlegt, z.B.:

1. Rolle:

Ein erfolgreicher und kluger Selbstständiger kann sich mit seinem Geld alle seine Wünsche erfüllen. Er ist bei mehreren Vereinen im Vorstand und stets bemüht, in der Öffentlichkeit zu stehen. Der Kirche steht er fern gegenüber, auch wenn er ihr hohe Geldbeträge spendet, um sich vom persönlichen Handeln an der Hilfe anderer frei zu kaufen. Seine Kinder leben im Internat.

2. Rolle:

Eine Angestellte, die nach langer Arbeitslosigkeit endlich eine Arbeit gefunden hat. Sie ist unverheiratet, lebt sehr zurückgezogen und besitzt keine guten Beziehungen zu ihren Geschwistern.

3. Rolle:

Ein Beamter auf Lebenszeit, der somit sein Auskommen für seine Familie sichert. Eines seiner Kinder ist körperlich behindert. Er selbst ist an kirchlichen Fragen interessiert, engagiert sich jedoch aus Zeitgründen nicht am Gemeindeleben.

4. Rolle:

Eine Inhaberin eines Modegeschäftes. Sie lebt allein, hatte eine gute Beziehung zum verstorbenen Bruder und ist tief getroffen von seinem Tod.

5. Rolle:

Eine Theologiestudentin, die die jüngste Schwester des verstorbenen Bruders ist. Sie jobbt, um sich mit dem verdienten Geld teure Auslandsreisen leisten zu können. Über die Heimatkirchengemeinde nimmt sie an einer Projektgruppe teil, die regelmäßig in die Partnergemeinde nach Tansania fährt. Sie setzt sich mit sozialen Fragen zu den sogenannten

„Entwicklungsländern" auseinander. Sie empfindet den Unterschied zwischen arm und reich als ungerecht.

Das Rollenspiel beginnt zeitlich gesehen nach der Beerdigung des reichen Mannes. In seiner Ansprache hat der Pastor von der Gedankenlosigkeit im Leben des Verstorbenen gesprochen. Dieser hat nicht mit seinem Tod „gerechnet" und nicht den Nächsten geachtet. Die fünf Geschwister sind von der Predigt angerührt und treffen sich zum Gespräch im Haus des Verstorbenen.

Im Laufe des Rollenspiels können weitere Rollen besetzt werden, z.B. Menschen in einer Notsituation, Bankangestellter, der über das Vermögen des Verstorbenen waltet.

Das Gleichnis von der bittenden Witwe

Biblischer Text:	**Lukas 18,1-8**
Material:	**nicht erforderlich**
Spieldauer:	**ab 20 Minuten**

Eine hartnäckige Witwe setzt sich bei einem gewissenlosen Richter beharrlich für die Gerechtigkeit ein. Diese Geschichte ist ein Gleichnis, das Jesus erzählt: Gott ist kein ungerechter Richter. Er will die Sehnsucht nach Gerechtigkeit stillen. Wie die Witwe darf ich Gott immer wieder um etwas bitten, auch wenn mein Gebet nicht sofort erhört wird.

Die Spieler haben die Möglichkeit, die Geschichte in einem Rollenspiel nachzuempfinden. Indem ein Spieler jeweils in die Rolle der bittenden Witwe und des gewissenslosen Richters schlüpft, machen die Spieler interessante Entdeckungen zu diesen beiden Charakteren. Es könnte manchen Spielern schwer fallen, so hartnäckig wie die Witwe zu bitten oder Gewalt anzudrohen, um zu ihrem Recht zu gelangen, bzw. sich so ungerecht wie der Richter in der ersten Phase der Geschichte zu verhalten. Darum besteht die Möglichkeit, dass die Spieler durch andere Personen ausgewechselt werden können.

Nach dem Rollenspiel haben die Spieler Zeit, über ihre Erfahrungen ins Gespräch zu kommen.

Variante:
Nach dem Hören der Geschichte überlegen sich die Spieler Situationen, in denen sie Ungerechtigkeit erlebt haben. Hierzu werden Kleingruppen eingeteilt mit maximal fünf Spielern. In ihren Anspielen zeigen sie Wege zur Gerechtigkeit auf. Alle Anspiele werden nacheinander vorgestellt und gemeinsam besprochen.

Jesus spricht zu seinem Vater: Das Vaterunser

Er setzt sich mit Pharisäern und Schriftgelehrten auseinander, lehrt seine Jünger das Vaterunser als Gebet. Der Gebetsanrede folgen sieben Bitten, wovon fünf in diesem Spielebuch aufgenommen sind. Die ersten drei Bitten konzentrieren sich auf die Verherrlichung Gottes. Es folgt die Bitte um das tägliche Brot, d.h. die irdischen Bedürfnisse des Menschen. Die letzten drei Bitten befassen sich mit den geistlichen Anliegen, wovon exemplarisch die Bitte um die Erlösung von dem Bösen ins Spiel kommt.

Vater unser

Biblischer Text: **Matthäus 6,9-13**
Material: **evtl. Papier und Stifte**
Spieldauer: **ab 20 Minuten**

Jesus nennt Gott vertrauensvoll Vater. Für ihn ist diese Anrede Realität. Er fasst aber diese Realität noch weiter, als wir Menschen es gewöhnlich machen: Alles das, was wir mit unseren Ohren hören und doch nicht hören, was wir mit unseren Augen sehen und doch nicht sehen, was wir mit unserem Herzen spüren und doch oft nicht erahnen, was wir mit unserem Verstand erfassen und doch oft nicht ermessen können, das ist für Jesus sein Vater.

Bei diesem Interaktionsspiel werden die Spieler eingeladen, sich ein Bild von ihrem Traumvater zu machen. Jeder hat dazu ausreichend Zeit, wer mag, bringt dieses Bild zeichnerisch zum Ausdruck: Mein Traumvater darf mich in die Arme nehmen, darf Zeit für mich haben, darf mich nicht bestrafen ...

Nach diesem ersten Schritt erzählen sich die Spieler gegenseitig von ihren Traumbildern.

Ein weiterführender Gedanke vertieft das Gespräch:
Welche Träume davon finde ich bei meinem eigenen Vater wieder?
Welche Gedanken bleiben Träume?

Wenn Jesus von seinem Vater spricht, dann meint er einen antwortgebenden Lebensgrund, dem er sich verbunden fühlt und öffnen kann.

Dieses Gefühl kann in einem Vertrauensspiel nachempfunden werden:
Es finden sich Paare zusammen. Einer von beiden setzt sich oder legt sich so hin, dass er sich ganz zusammenzieht, z.B. Beine an den Leib und Arme darum schlingen. Der zweite Spieler hat die Aufgabe, diesen Spieler zu öffnen, ihn aufzuschließen. Dieses gelingt ihm nur, wenn er dem anderen Geborgenheit, Liebe und Sicherheit schenkt.

Geheiligt werde dein Name

Biblischer Text: **Matthäus 6,9-13**
Material: **Namenslexikon, Papier und Stifte**
Spieldauer: **ab 15 Minuten**

Der Name Gottes ist heilig, unantastbar, unberührbar. Gott gebührt Ehre und Wertschätzung. Auch mein Name darf durch die Haltung des Schauens, Erspürens und Ahnens wahrgenommen werden.

Der Spielleiter stellt ein oder mehrere Namenslexika zur Verfügung. Auf einem Blatt Papier gestaltet jeder Spieler seinen Namen. Auf diese Seite notiert er ebenfalls Stichwörter zur Bedeutung seines Namens und seiner Geschichte: Wie bin ich zu meinem Namen gekommen? Was haben mir meine Mutter, mein Vater zur Namensgebung erzählt? Vielleicht mag einer auch seinen Spitznamen notieren?

Nach einer Zeit des Gestaltens entscheidet jeder für sich selbst, was er den anderen über seinen Namen erzählen möchte.

Tipp:
Alle Blätter können an der Wand des Gruppenraumes aufgehängt werden.

Dein Reich komme

Biblischer Text: **Matthäus 6,9-13**
Material: **nicht erforderlich**
Spieldauer: **ab 20 Minuten**

Das Reich Gottes ist zentrales Thema der Verkündigung Jesu. In ihm ist es angebrochen. Ich selbst kann dazu beitragen, dass es sich ausbreitet. Es wächst äußerlich und innerlich im Herzen der Menschen, im Gutsein, in der Liebe.

Die Spieler überlegen sich in Kleingruppen Szenen, in denen sich das Reich Gottes in der Gegenwart ausbreiten kann, z.B. Hungernden Essen geben, Traurige trösten, Kranke besuchen, Frieden schaffen, wo Streit herrscht, usw.

Nach einer geraumen Zeit stellen sich die Kleingruppen gegenseitig ihre Anspiele vor und kommen darüber ins Gespräch:

Wie kann ich dazu beitragen, dass das Reich Gottes wächst?

Dein Wille geschehe

Biblischer Text: Matthäus 6,9-13
Material: nicht erforderlich
Spieldauer: ab 10 Minuten

Diese Bitte auszusprechen, fällt mir oft nicht leicht. Ich möchte handlungsfähig und unabhängig sein. Aber indem ich bereit bin, nicht mich zum Maßstab zu setzen, sondern einen alles durchwaltenden Seinsgrund maßgebend werden zu lassen, lebe ich dienend, ohne dabei meine Freiheit zu verlieren. Ich darf das innere Wesen der Dinge und Menschen erspüren und ihm zu einem Durchbruch verhelfen.

Es werden Paare gebildet. Der größere von beiden führt den anderen durch den Raum. Derjenige, der geführt wird, ist in gewisser Weise handlungsunfähig und lässt sich dahin führen, wohin der andere will. Nach einer Weile werden die Rollen gewechselt.

Anschließend findet ein Gespräch über die gemachten Erfahrungen statt:
Wie habe ich es erlebt, keinen eigenen Willen zu haben?
Wie habe ich es erlebt, den andern zu lenken – nach meinem Willen?

Gibt es Lebenssituationen, in denen ich meinen eigenen Willen nicht zum Ausdruck bringe?

In welchen Lebenssituationen mache ich mich zum Maßstab?

Unser tägliches Brot

Biblischer Text: Matthäus 6,9-13
Material: Papier und Stifte
Spieldauer: ab 10 Minuten

Mit dem Brot ist alles gemeint, was wir Menschen zum Leben brauchen: Liebe, Geborgenheit, Sonne, Essen und Trinken, Kleidung etc. Zusammen mit den Spielern wird überlegt, was wir alles zum Leben brauchen. Jeder Begriff wird auf einen Zettel geschrieben.

Die Teilnehmer bilden zwei Gruppen, die sich jeweils dicht hintereinander mit gleicher Blickrichtung auf den Boden hinsetzen. Jeweils der erste Spieler in der Reihe erhält Papier und Stift. Dem letzten Spieler zeigt der Spielleiter einen zuvor aufgeschriebenen Begriff. Dieser malt mit seinem Finger den Begriff auf den Rücken seines Vordermannes. Dieser gibt das erspürte Bild an den nächsten Spieler weiter. Rückfragen sind nicht gestattet. Wenn das Bild beim ersten Spieler angekommen ist, zeichnet er es auf das Papier auf. Für einen weiteren Durchgang werden die Plätze innerhalb der Gruppe getauscht.

Erlöse uns von dem Bösen

Biblischer Text: Matthäus 6,9-13
Material: Zettel, Stifte,
    Wäscheklammern, Tuch zum
    Verbinden
Spieldauer: ab 10 Minuten

In der letzten Bitte des Vaterunsers bitten wir Gott darum, dass er uns von allem befreit, was uns und die Welt bedroht und lebensvernichtend ist. Damit wird eine Sehnsucht nach einer Befreiung zu einem erfüllten Leben deutlich.

Die Spielgruppe sammelt im Gespräch Begriffe zu Lebenssituationen, in denen sie schon einmal ein belastetes Gefühl hatten, z.B. Blindheit des Herzens, Egoismus, Süchte, Neid, Stolz, Vorurteile, Hartherzigkeit. Jeder Begriff wird auf einen Zettel geschrieben.

Ein Freiwilliger aus der Gruppe stellt sich zur Verfügung. Ihm werden die Augen verbunden und ca. fünf Zettel mit einer Wäscheklammer an den Körper geheftet – er ist belastet mit dem Bösen. Dann haben einzelne Spieler nacheinander die Aufgabe, ihn davon zu befreien. Der „Belastete" darf dabei unterschiedliche Rollen einnehmen: Wenn er „keine Hilfe von den anderen annehmen" möchte, hat es der entsprechende Spieler schwer, ihm eine Wäscheklammer vom Körper zu zupfen.

Wenn er sich jedoch gerne helfen lassen möchte, dann findet der entsprechende Spieler einen leichten Zugang zu ihm und befreit ihn schnell von einer belasteten Lebenssituation (Zettel).

Jesus geht dem neuen Leben entgegen

Mit dem Einzug zum Passahfest beginnt für die Evangelisten Jesu Leidensgeschichte. Nach dem Jubel wendet sich das Blatt. Es kommt die Stunde der Entscheidung. Er wird zum Tod am Kreuz verurteilt, trägt selbst das Kreuz und stirbt am Kreuz.

Das letzte Spiel nimmt den Kern und Ausgangspunkt der christlichen Botschaft auf: Der Weg Jesu ist nicht zu Ende. Das neue geschenkte Leben muss in der Tiefe verwurzelt werden und aufwachen.

Wer ist dieser Jesus? – Der Einzug in Jerusalem

Biblischer Text: Matthäus 21,10
Material: Papier, Stifte, evtl. Stoppuhr
Spieldauer: ab 15 Minuten

Am Ende seiner Wirkungszeit trägt Jesus viele Namen: Sohn Gottes, Prediger, Rabbi, König, Heiland, Erfüller, Freudenbringer, Freund, Prophet etc. Als Jesus in Jerusalem einzieht, fragen sich die Menschen: Wer ist dieser Jesus?

Gemeinsam mit der Gruppe werden viele Namen für Jesus gesammelt und auf Papier geschrieben – ein Name pro Zettel. Dann werden zwei Kleingruppen gebildet. Die Zettel werden gemischt und auf die beiden Gruppen aufgeteilt. Ein Freiwilliger aus der ersten Kleingruppe stellt den ersten Begriff pantomimisch der zweiten Gruppe dar. Wenn die zweite Gruppe den Begriff erraten hat, erhält sie einen Punkt. Dann ist diese Gruppe mit einer pantomimischen Darstellung an der Reihe.

Variante:
Die Kleingruppe stellt einen Namen für Jesus in einem Standbild so dar, dass die andere Gruppe diesen Begriff erraten kann.

Ein Engel stärkt Jesus am Ölberg

Biblischer Text: Lukas 22,39-46
Material: nicht erforderlich
Spieldauer: ab 5 Minuten

Jesus begegnet mir in dieser Erzählung mit großer Verlassenheit. Damit Jesus den äußeren Weg des Verrats, der Angst, der Einsamkeit gehen kann, bittet er seine Freunde: „Bleibet hier und wachet mit mir!" Sie schlafen ein. Stattdessen stärkt ein Engel Jesus. So kann er den inneren Weg gehen, den Gott ihm aufträgt.

Auch ich kenne die Befindlichkeiten von Angst, Einsamkeit, Verlassenheit, ausgeliefert zu sein. In diese Dunkelheit hinein brauche ich vertraute und liebende Menschen an meiner Seite, die mich stärken und begleiten.

Um einer Person in einer für sie schweren Situation symbolisch zu zeigen, dass sie ein wertgeschätzter Mensch ist, darf sie sich in die Mitte der Gruppe stellen. Von den anderen werden ihr ermutigende Worte zugesprochen, z.B.:

Du bist liebenswert.

Das Leben ist wunderbar.

Du hast die Fähigkeit ...

So bringen die anderen ihre Verbundenheit mit dieser Person zum Ausdruck. Der Spielleiter achtet sensibel darauf, dass im rechten Moment diese „Beifallrunde" abgeschlossen wird.

Dieses Interaktionsspiel kann gelegentlich für andere aus der Gruppe wiederholt werden, um so das Erleben von Verständnis, Stärkung und Aufmunterung durch die Gruppenteilnehmer spürbar zu gestalten.

Das Symbol Kreuz erleben

Material: **für jeden ein Seil von ca. 1 m Länge, evtl. Zeitschriften, Lege- und Naturmaterialien**
Spieldauer: **ab 20 Minuten**

Das Kreuz ist einerseits Zeichen für das Leiden, für das begrenzte Sein. Andererseits ist es Zeichen für das Leben, für das Heil. Jesus hat den Tod in der Auferstehung überwunden. Alles, was brüchig in meinem Leben ist, braucht mich nicht mit Trauer zu erfüllen. Das Kreuz erinnert mich daran, dass das begrenzte Lebensglück mir auch unbegrenzt zuteil werden darf.

Die Senkrechte des Kreuzes erinnert an die Verbindung zwischen Gott und Mensch. Die Waagerechte des Kreuzes deutet die Verbindung zwischen den Menschen untereinander an.

Jeder Spieler erhält ein Seil von ca. 1 m Länge. Zunächst dürfen die Seile ins Spiel kommen: Was kann ich alles mit meinem Seil erspielen? Dann hält jeder sein Seil an einem Ende fest, so dass es senkrecht zur Erde hängt. Jeder lässt sein Seil los, evtl. nacheinander. Bei diesem Schritt wird zusammen überlegt, welche Einfälle dabei entstehen:

Regen fällt vom Himmel.
Ein Blatt fällt vom Baum.
Ein Baum fällt um.
Ich bin gefallen ...

Dann nimmt jeder wieder sein Seil auf. Welche Vorstellungen werden dabei geweckt?
Ein Baum wächst, ein Halm wächst aus der Erde, ein Haus wird aufgebaut ...

Jeder zweite Spieler legt sein Seil dicht nebeneinander vertikal am Boden ab. In einem zweiten Schritt stehen alle Spieler in einem Kreis. Die anderen Spieler, die noch ihr Seil haben, reichen das eine Ende ihrem linken Nachbarn. Beide sind auf diese Weise über das Seil miteinander verbunden. Alle Spieler können sich über die Seile miteinander verbinden, indem jeder Spieler sowohl mit seiner rechten, als auch mit seiner linken Hand an einem Seilende festhält. Für einen Moment lang wird diese Verbindung im Herzen wahrgenommen.

Dann werden die Seile waagerecht – dicht an dicht – auf die bereits am Boden liegenden Seile abgelegt. Was ist aus den Seilen entstanden?

Wenn der Gruppe ausreichend Zeit zur Verfügung steht, kann das entstandene Bodenbild mit Bildern aus Zeitschriften, mit verschiedenen Legematerialien oder Naturmaterialien ausgeschmückt werden.

Jesus meint: Im Sterben liegt Leben

Biblischer Text:	**Johannes 12,24**
Material:	**für jeden Spieler ein Weizenkorn, Schale**
Spieldauer:	**ab 10 Minuten**

Jesus verwendet das Bild des Weizenkornes in Verbindung mit Tod und Auferstehung. Das Weizenkorn steht für mich für eine Lebenserfahrung. Manchmal muss etwas in mir sterben, damit etwas Neues erwachsen und reifen kann. Angst und Schmerz gehören dazu. In der Leere zwischen Altem und Neuem besteht keine Sicherheit darüber, ob Neues entsteht und welche Gestalt das Neue hat.

Jeder Spieler bekommt ein Weizenkorn in seine Hand. Der Spielleiter lässt jedem Zeit, dass er sein Weizenkorn betrachten kann:

Welche Farbe, welche Form hat das Korn?

Dann wird jedes einzelne Korn in einer Schale abgelegt, die in der Mitte der Spielgruppe steht.

In einem zweiten Baustein können alle den Werdegang eines Weizenkornes leibhaftig spielen:

Dazu kann sich jeder zunächst eingerollt auf den Boden legen. Das Weizenkorn ruht. Dann spürt es den Regen, die Sonne. Es fängt an zu keimen. Es beginnt, die ersten zarten Wurzeln auszubilden. Das Korn fängt an zu sprießen. Ein grüner Halm kommt an das Licht. Es spürt die Luft, die Sonne, den Regen. Es reift zu einer Ähre heran. Im Wind wiegt sich die Ähre hin und her. Wenn sie an Körnern schwer und reif geworden ist, neigt sie sich zur Erde. Die Ähre wartet auf die Erntezeit, bis es geschnitten ist.

Tipp:
Zur Erinnerung an diese Worte darf jeder ein Weizenkorn in einem Blumentopf mit Erde einpflanzen.

Literaturverzeichnis

Die Bibel. Nach der Übersetzung Martin Luthers. Hrsg. von der Evangelischen Kirche in Deutschland, Stuttgart 1991. (Sonderausgabe zum „Jahr der Bibel 1992").

Hartebrodt-Schwier, Elke: Echt was Erleben. Erlebnismomente, biblische Inhalte, Spielideen. Neukirchen-Vluyn 2002. (Reihe Kreativ Kompakt).

Hartebrodt-Schwier, Elke: Sehen – Hören – Handeln. Leben in der Nachfolge Jesu. In: Viehweg, Heidrun (Hg.), Kindergottesdienst mit Vorschulkindern 2007. 12 Entwürfe nach dem Plan für den Kindergottesdienst. Neukirchen-Vluyn 2006.

Plan für den Kindergottesdienst. Hrsg. vom Gesamtverband für Kindergottesdienst in der Evangelischen Kirche in Deutschland e.V.

Elke Hartebrodt-Schwier
Echt was erleben
Erlebnismomente – Biblische
Inhalte – Spielideen

ISBN: 978-3-7615-5242-1

Für fast alle Situationen im
Leben von Kindern gibt es einen
biblischen Bezug. Man muss ihn
nur finden! Kein Problem mit
diesem originellen Praxismate-
rial. Jedes Erlebnismoment wird
mit einem Bibeltext in Verbindung gebracht und durch
passende Spiele ergänzt. Die
Umsetzung ist ein Kinderspiel.

Elke Hartebrodt-Schwier
Stefan Schwier
Freizeiten kreaktiv
Rundum-Paket für Vorbereitung
und Durchführung von
Jugendfreizeiten

ISBN: 978-3-7615-5290-2

Abenteuer Jugendfreizeit. Nicht
immer sind Jugendfreizeiten bei
den Mitarbeitern genauso
beliebt wie bei den Teilnehmern.
Denn um einen Haufen Jugend-
liche zu begeistern, braucht
man besonders gute Ideen. Hier
gibt es Antworten auf alle ent-
scheidenden Fragen rund um
Organisation und geistliche
Inhalte – damit die gemeinsame
Zeit für alle Beteiligten unver-
gesslich bleibt.